眠り続けるインカ

コンドルの舞う遠い空の下で

小牟禮昭憲

22世紀アート

目次

愚か者の形相を見よ

急げ！　急げ！　急げ！　わっせ。わっせ。わっせ。わっせ。真夜中のヒューストン空港を日本人らしき一小集団が息せき切らして走り回っている。生まれも育ちも同じらしからぬことは一見して分かる。ボスも逸れ猿もすぐに見分けがつく。先頭を走り檄を飛ばすのは、目が引き攣り後ろを振り返っては叱咤の泡を撒き散らす女ボスである。一番後ろを足が縺れて転びそうになりながら必死に宙を片手で掻いて目の色を変えて縋り付く初老の男が走っている。なんと、僕ではないか。

身の程知らずにも大きなトランクを引っ張り、ボストンバッグを抱え、ショルダーバッグを肩から斜めに掛けて目を白黒させながら初めて見る真夜中の大空港を右往左往しては先頭に喰らいつこうと必死である。

　突然目の前を横切る青い目の外人さんに視界を失いながらも、ここで遅れては一体何のための旅行かと目をぎゅっと閉じ歯を食いしばって大汗を掻き、涎をハンケチで横拭いして動かぬ足を叩き拍車を掛けて追い縋る。霞む両の目に映るのは呆れ顔の仲間たちの冷たい視線だ。

　なぜそんなに必死に走るのかって問われれば答えよう。その時僕はなんにも知らなかったのである。飛行機が遅れたことも、乗り継ぎする筈の飛行機はとっくに飛び立ってしまっていたことも、別ルートを探してボスが血相変えて手探りながらもはっきりと目的をもって全員に全力疾走を強いていたことも全く知らずに、僕たちは真夜中の大運動会の中心人物として脚光を浴びていたのである。その時の顔？　考えるだに恐ろしい。

　とにかく、この数分、いや、十数分の内に迂回する空港に辿り着いて、さらに、間に合うようにペルーの首都リマ行きの飛行機に乗って飛び立たないと今後の十日間の日程がずるずると崩れ破綻をきたすのだ。何が何でも間に合わせるためにただとにかく走れと言うのなら走る他に方法はないのである。血の気が失せ、足は禁固刑のように固まり、口から心臓が飛び出しそうになっても、とにかく舌でもいいから動かせるところは全部動かして僅か数十センチの距離を稼ぎださなければならない。

入国検査は無事通り抜けた。出国検査も無事通り抜けた。簡単そうに言うけれどもこれが簡単ではないのだ。靴を脱げ、ベルトをはずせ、手荷物を開けろ、パスポートを見せろ、チケットを見せろ。これが延々と並んでいる全員に命令が下される。自分の仕事が分らないのか閉められたゲートもある。だが、こう言うところの係官の悪口は口が裂けても言えない雰囲気になっていて、ただじっと順番を待つ。一歩ずつ一歩ずつにじり寄るように近づいていく。

僕は落ち着いていた。ともかくも、この間は少しでも息を整えられるからである。

何故かこの部門の働き手は女性が多い。空港全体がそうだということも言える。わが日本などはまだまだ世界にかなり遅れをとっている。民間企業の社長や役員に始まり、国会議員に至るまであらゆる議員と言う名の政治家、差別が明白な医学部の学生、町内会長、大学の総長や学長、夫の姓を名乗らざるを得ない既婚の女性、競馬会の騎手や調教師、主婦と言う名の重労働者等々、女性の出番はまだまだ解放の兆しさえない。我が国に限ったことではないが、日本の男どもの出しゃばりぶりは目を覆うものがある。何とかせねば、と力んでも、悲しいかな、今の僕にはその知力も体力も人望も金もないただの老境に差し掛かった単なる一人の老い耄れに過ぎない。

ボーッとしているといろいろ良からぬことが脳裏を掠めることになる。今何処で何をしているのかさえ実感がわかない。何しろ妙に明るすぎるこのフロア以外に何にも見えないのであるからまるで別世界に連れてこられた幼い子供のように心細い。子供には負けられない。昨日の今頃は家にいて夢の中で遊んでいたなあ。僕は毎晩夢を見るのできっと現実社会に面白くないことや不満が渦巻いているのだろう。夢は心の底辺からの秘密の通信ともいうから何とかしたいと思っても何ともならないことの方が圧倒的に多い。

大分昔の事であるが、東京の西武グループの御曹司が何かに書いていた。「僕は夢を見る人間は嫌いだ」と、我こそ正しいと言わんばかりの勢いで私見を述べていた。彼がどういう人間を好もうと嫌おうと勝手だが、視野が狭すぎるようでその割には世間というものを見通したような態度が驕りを感じてしまって、こういう人間は僕も嫌いである。何でも手に入る羨ましいご身分であらせられるから、言うことも成すこともまあ大層な自信家ではある。他人はどうでもいいか。

夢を見るのが嫌いな根拠は、本人が明確に書いていたがどうか記憶の他であるが、要するに、現実の問題に全力で取り組んでいないから、というような弁であったと思う。全力で取り組むとエネルギーはゼロになって夜夢を見る僅かの心的エネルギーまでゼロになって心は乾ききってしまうのか。そんなことはあるまい。ストレス説全盛の今の時代に心が渇ききることは恐らくあるまいね。

右は人だ。左は人だ。前も後ろも皆人だ。しかも揃いも揃って同じ方向に脇目も振らず、一目散に足を動かし手を振り荷物を抱えて走っている。君、君、一体何処まで行くの。僕はねえ、良く分からないのです。ただ、ずっと先を走っている仲間の後を追っているだけなのですよ。だから、教えてくれませんか。此処は何処。

まるで迷路の中の動く道路を逆走しているみたいにしか思えないこの妙な気分だけでも何とかならないものか。あれ、遠くに見える黒い穴は搭乗口か。

どっと指定の席に倒れ込む。どうやら迂回路のメキシコシティ空港行きの飛行機に間に合ったらしい。外は明るいのか暗いのかさっぱり分からない。尤もゆっくりと辺りを見渡して確認する余裕もない。皆はどうしているだろうか。後ろ姿しか、しかも頭部の一部分しか見えないが、何故か余裕綽々のようだ。添乗員の松井女史、荻原さんご夫婦、柴田さん、阿部さん、それに僕を入れて六人揃っている。次の運動会に備えて。僕は泥沼のような眠りに引きずり込まれたのか。いや、赤い目を爛爛と輝かせて、おぞましさに震えながら座り心地の悪い小さな座席に半病人のようにがっくりと凭れ掛かって動けずにいた。初めて飛行機に乗ったのに、酔いもせず、眩暈も起こさず、怖さも消し飛んでひたすらまだ見ぬコンドルの姿に思いを馳せ笑みさえ浮かべていたに相違ない。気味の悪い趣味だと咎められればまさにそうだと頷くほかない。

「大丈夫ですか」と一行の皆さんが優しく気遣ってくれるが、「大丈夫です」と言うより外に何か特別な言い方がありますか。背中や脇腹がバリバリに凝って、息苦しく、腹とお尻が痛み、脹脛と足首が攣って指先がじんじん痛い状態を分かりやすく説明をすると一体どうなるのか。僕にも分からない。おまけに胸まで苦しい。ああ、泣き言はもうたくさんだ。

退屈しのぎの機内食は何故かいつも一緒で、チキンのカレー風味の缶詰を熱い位に温めたものが決まったように出てくる。玩具のナイフにスプーンにフォークがセットで、ビスケットに少しの野菜が付き、飲み物はビールが飲める。このビールのお陰でかなり救われた感がある。ビールは僕の活力源である。ビールなくして何の人生か。ただ椅子に座って冷たいビールを呑むということがこれほどまでに救われる気分になるとは昨日まで思いもしなかった。まさかこの天国のような時間が再びの地獄の入り口に刻々と近づいているとは誰も信じられまい。だが、事実は小説よりも奇なり、とは小心者の善人ほど強く思うものなのですよ。

今度こそ、押し寄せる大波のような駆ける人の間を掻き分けて一行に遅れることなきよう、まさに強烈な追い込みが不発に終わらぬように十分に展開を想像し、誰よりも一歩でも先へ足を延ばし、我を失って狂喜乱舞することになっても一歩前へ行かなければならない。その覚悟がないと僕の人生は宙に舞って崩壊してしまうのである。

どうやら着いたらしい。皆余裕がありそうに見える。これが皆再びの大運動会の仇となる人間たちなのか。会場を飾る万国旗は見えぬが、人間の騒めきすらも一向に耳に入らない。雨が人間どもの喧騒を吸い込んでいるのだろうか。音がない。

搭乗口を出るとやっぱりみんな走り出した。拳を握りしめて態勢を整えると人の流れの真ん中に飛び込んだ。跳ね起きてとにかく走る、走る。走ってはいるが一体何が起こって何処に向かっているのか僕だけが知らない。飛行機が遅れてトランジットするという事だけは耳にしたが、トランジットって一体何だ。メキシコで乗り換えるという喚き声がかすかに聞こえるが、メキシコって一体何だ。メキシコって一体何処だ。パナマ運河の少し上？　世界地図に埋もれてしまいそうだ。

あたりをきょろきょろする余裕などないのにこの大運動会の終焉らしきものが見えてきたことだけは何となく分かる。遠くの方に暗い洞窟の入り口のようなものが見えてきた。その前に人だかりがしている。また、出入国検査の順番待ちだ。今度は意外と流れよく人の塊が動いている。一息つけそうだ。何か食べたような気もするし、何か飲んだような気もする。眠ってしまったか。

妙な夢を見た。果たして夢なのか、それならば、もはや消しようもない記憶の一部となったあの真夜中の大運動会の悪夢であろう。たとえ悪夢でもまだ夢を見る余裕があるとは我ながら些か誇らしい。内容は惨憺たるものだった。

飛行機が遅れてやむなくトランジットすることになったヒューストンという大空港のターミナルで、メキシコ行きの飛行機に間に合うようにと全速力で走り回った後に残ったものは、鉛のように重くなった心と身体、そして全身を震わす様々な違和感であった。息が上がって、足が縺れて倒れそうになった頃に、更に足の裏に痺れるような痛みが走り、足首が急に横を向いたような気がする窮屈な足の運びとなり、脹脛が痙攣をおこし、膝が伸び切って元に戻らなくなり、太腿に錘が下がり足が上がらず、腰がミシミシと悲鳴を上げ、脇腹を肋骨が押し広げ、背中には虎が爪を立て、腹の力が抜け、両方の肩甲骨がくっつきそうになり、肩は天秤棒を担いだようにバリバリに張って、首が回らず、頭痛までしてきて眼が渇くというほどに、ありとあらゆる極刑を科されたような事態になった。

悪いことは重なるもので、トランクを引っ張っている手の握力が見る間に落ちて握り直す寸暇を惜しんで足を動かす。目が霞んでくる。僕の肺は全力を挙げて酸素を体内に送り込もうとフル回転しているのにそれでも全体を取り仕切るエンジンは悲鳴を上げている。その時、僕は既に白目を剥いていたのではないでしょうか。僕は、歯軋りする音ではっと目が覚めた。悪夢だ。史上最大の悪夢だ。

メキシコ行きの飛行機には二時間くらい乗っただろうか。ぐずぐずしているうちに降りる用意をするよう促すように機内放送ががなり立てる。これからが結構時間を費やすのだ。

インカの香り

リマには現地時間の一〇時頃着いた。空港でまた一騒ぎあって外に出ると、目の前に大きいホテルがあってその後ろも横も何かがあるのだがさっぱり見えない。そのホテルにどどっと雪崩れ込むと、まだ朝食のバイキングの時間内で、割り当てられた部屋に荷物を放り込むとレストランに駆け込んだ。朝食は午前四時からオープンだというから相当に長い時間サービスしていることになる。朝食であるから、種々の新鮮な生ジュースにチーズ、パンなどが並んでいて目移りする。大食漢でもないのでさっさと食べてさっさと部屋に引き上げた。とにかく第一日目は疲れたという言葉しか出てこない。午後から早速何か観光が始まるというので軽装に着替えて集合時間を待った。

靴下を穿き替えたらあまりのことに驚いて眼を見張った。脹脛が上下に分かれて浮腫み返っているのだ。練馬大根もこれほどであるまい。靴下がきついのか、それとも足をフル回転させて長時間走り回ったせいに違いない。これが自分の足か。これまで七十年も生きてきたが、これほど無様に変形した足を見るのは初めてだ。明日の朝までに元に戻るだろうか。明日なんて悠長なことを言っている場合ではない。これからまた予定が詰まっていて呑気なことを言っている場合ではないんだなあ。膨れ上がっていつパンクするか気が気でない。

午後からリマ市内の有名観光地をマイクロバスで移動しながら見て回った。ラルコ博物館やアルマス広場、カテドラル、サンフランシスコ教会と並べ立てられてもなかなか脳の芯まで沁みてこない。広場で少女たちが鮮やかな衣装に身を包み軽やかに踊っている姿以外にボウッーとしか胸に浮かんでこない。あの空港での大運動会以後まともに眠っていないし、長時間飛行機の中でじっとしていたせいでお尻の皮が引ん剥かれたのではないかと思う程引き攣って痛いのである。

小さなお土産屋で木彫りの猿を買った。日本でもお馴染みの、見ざる・言わざる・聞かざるが三対揃って売っていたのだが、全部買っても大した金額ではないのに「聞かざる」だけ買ってしまって大変に後悔した。清算後にいくらだったか分かったのだ。僕は今更ながら肝っ玉が小さいなあとため息を吐いた。それにしても、あの三猿って世界中の何処にでもあるのかなあ。

バスの中で現地ガイドのミゲールさんに聞いてみた。ペルーでは鳥葬を行っていたという歴史はありますか。ミゲールさんは、つまらんことを聞くなとばかりに即座に「ない！」と答えた。少し機嫌を損ねたらしい。此処ペルーでは、コンドルはインカの王様の生まれ変わりと信じられていたから機嫌を損ねたのも当然のことである。鳥葬は現在も昔もチベットとインドの一部でしか行われていないということは前もって知ってはいたが、もしかしてペルーでも、と思ったに過ぎなかったのだがどうやら失敗だったようだ。

インドの鳥葬は、ゾロアスター教の信者たちの末裔（パールシー）が細々と続けているに過ぎないらしく、人口も約十万人というから近いうちに途絶える運命にあるのだろうか。

パールシーは、大地と火を汚さないために、塔の上（沈黙の塔）に遺体を置いて鳥に食べさせる。この葬法は、台や木の上に遺体を葬る台上葬、樹上葬と関連があるとされる。チベットでは、ラマ教やボン教の僧侶が遺体を解体し、鳥が食べ残さないように処理され、骨の髄まで全て食い尽くされる。死者の肉体と霊魂は鳥に食べられて天に運ばれるという宗教的天上他界観念に裏打ちされているものと思われる。鳥とは、恐らくハゲタカであろう。コンドルがいるのはペルーだけのようである。

スリランカのベッダ族や東アフリカのマサイ族は死体遺棄を行い、ハイエナやハゲタカの餌食となるに任せるが、これは鳥葬の一変形とも、原種形態ともみられるが、パールシーやチベットのような天上他界観念は見られないという。

コンドルという鳥は、翼開帳三メートルを超えると言われ、飛ぶ鳥では最大級種。主に死んだ動物をあさる腐食者で、獲物を求めて一日に二〇〇km以上も移動することがある。ただ残念な事に岩場や今立っている地面からいきなり羽搏いて飛び上がることはできない。谷の物陰から峡谷に身投げするように飛び降りて上昇気流を捉えて舞い上がり大空を帆翔し、谷の間を周遊しながら獲物を探す。

日本の特別天然記念物である「アホウドリ」もまた、その場でいきなり羽搏いて飛ぶことはできない。鳥としてはかなり大きい方で全長八四～一〇〇cm、翼開長は二m四〇cmに達する。大きすぎて自力で体重を持ち上げるには翼の力が足りないのかもしれない。それで、繁殖している島の斜面を全力で駆け下りて助走し、その勢いで「えい」とばかり大地を蹴って舞い上がり、大海原に向かって悠々と飛び出していく。

以前は小笠原諸島、鳥島、尖閣諸島、ポンフー（澎湖）群島に多数繁殖していたが、羽毛採択のため二〇万羽以上が欲深い人間共に撲殺された。一八八六年から一九〇二年頃のことだが、現在は保護政策によって三〇〇〇羽位にまで回復しているそうである。地球上の鳥や獣や植物、魚類のメダカに至るまで絶滅危惧種に指定されている生き物は数千種を下らないだろう。全て、人間の欲望と無分別と便利さの無計画な開拓と増産という己の背中が見えぬ愚かな人間に全ての罪がある。

では、増えすぎて人間の重要な海資源である魚を食い漁る鯨のことはどうする。単なる感情論だけではいつまでたっても解決することはあるまい。食文化の違いだと大声で怒鳴り合ったり、調査船に船で体当たりして抗議するなど何処か論点がずれてしまってはいないか。

近い将来、増え過ぎた人間同士が生きるために増産が追い付かぬ食料を奪い合って戦争になるのではないか。誰だって死にたくはない。生きるためには何でもやる。人間の業は有史以来変わってはいないことを肝に銘ずるべき時である。

人間は恐ろしいほど多くのいろいろな理由をつけたがって戦火を開く。領土拡大、宗教の異端殲滅、魔女狩り、国境紛争、人種差別、食料の争奪戦、そして自国第一主義というポピュリズム…。人間は必要にして十分という節度を知らない。追い打ちを掛ける異常気象、新型病魔の世界的蔓延、氷河の崩壊。誰も待ってはくれない。今生きている者たちが英知を絞ってこの未曽有の世界危機を乗り切らなければならない。誰が突破口を開くのか。その答えはもうないのかもしれない。

このリマという町は、とにかく騒がしい。車線の白線も今やほとんど見えないくらいに剥げ落ちて、左右からいろいろな車が鼻面を突っ込んできて割り込もうとする。特に乗り合いタクシーという乱暴者が窓を開けてナンバープレートをかざしてアッと声を上げる寸前まで突っ込んでくる。警察官など一人もいない。日本なら喧嘩になりそうなものだが、これが彼らのいつもと変わりない日常なのだろう。真っ青になっているのはこのリマの町で僕一人だけだと妙に納得した。

ミゲールさんにも聞いたし、自身多少の知識は持っていたが、今のインカ帝国の遺跡以前にもう少し西側の海岸寄りにそれに先立つ文明があったらしい。現在調査中ということだが、インカの遺跡はさらに広く深く意味を持って伝説が加わるかもしれない。海岸に近いので波風に風化してしまっていて新しい大規模な遺跡の発見は難しいかもしれないが、期待はできる。

中国の歴史において、僕たちは世界史の勉強で、古い王朝の順に殷・周・秦・漢、と習ったが、今は殷王朝の前に「夏」(か)という王朝が存在していたことは自明の理となっている。その「夏」は、殷王朝の勃興期ととらえるべきか、それとも独立した「夏」王朝ととらえるべきか判断が分かれていたが、現在では「夏」の歴史の短さによって独立した王朝とは見られていないらしい。あくまで、殷王朝の前兆ととらえるべきだということだろうが、今はまだ結論を出すのは早計というべきだろう。「夏」の遺跡の中に驚くべき新発見がないのだろうか。

殷は「夏」を滅ぼして王朝を打ち立てたとあるからには、「夏」王朝は確かにあったのだ。ただ、あらためて「夏」王朝存立の意義を歴史的に論ずる必要性を覚えなかったということか。インカの前文化と「夏」を同列に論ずることはできないが、悩ましい問題ではある。

マチュピチュのカルロスさん

ペルーに来て三日目だけど、神経が高ぶっているのか、まだこの街と国に馴染めないでいるのか、それとも日本に居る時のようにマイペースで過ごせないのか、毎日ベッドに入ってせいぜい一時間半か二時間眠るとぱっちりと目が覚めてしまう。もう眠れないと経験上良く分かっているので、すぐ起きて顔を洗って髭を剃って育毛エッセンスで念入りにマッサージをして髪を整える。整えるというほどふんだんにある訳ではないが、この期に及んでせめて現状維持ならば良しとしようと覚悟を決めている。

白状すると、僕の髪の寂しさは数年前に始まった。僕自身あまり気にしてはいなかったのだが、突然五年前に他界した妻の万知子が騒ぎ出した。さり気なく呟いた。「髪、少し薄くなってきたね」。重ねて声を大にして騒ぎ出した。「禿げ、嫌だ。禿げ、嫌だ」と薄気味悪いものを見るように少し座をずらして遠ざかる。

その日から今日まで僕の禿げとの孤独な戦いが始まった。通信販売の育毛剤を数種類試しても、医院においてある育毛剤も試して、最後は唯一育毛剤として認められた医薬品の育毛剤を一年試したが、最後は突然頭皮が気触れて猛烈な痒みに襲われたので製薬会社に電話をして相談したのだが、「今まで何ともなく突然気触れるというのは、アレルギーでしょう」とけんもほろろに突き放されて放り出された。

最後の頼みと縋ったのが、ある入浴剤で有名な会社の育毛剤で、これには男性用と女性用とがあって、沢山の種類を使っておいて損はなかろうと、シャンプー、リンス、トリートメント、育毛剤と揃えて使い始めたのです。一年くらいはたいして変化も感じなかったのだが、最近額の生え際や頭のてっぺんなど集中的にマッサージをした所に白いうぶ毛がしかも三、四センチ生えてきたではありませんか。嬉しい。投資した甲斐があったと喜んでいたのだが、写真を見ると頭の中心線辺りがやっぱり薄い。といって、何にもしないのは悔しいのでこれからも続けるつもりである。ふさふさになりたいと思っている訳ではない。せめて、現状維持でいいのだと頼んでいるではないか。何が決定的に髪に良いのか分からないから各社からいろいろな種類の育毛剤が出るのであって、精々思い込みによって買って使っているに過ぎないのだ。藁をも掴む思いである。悲しいねえ。

ホテルの一室で真夜中に禿げの悩みを訴えても仕方がない。朝食の時間を待ちかねてレストランに行ってもまだ真っ暗である。まだ午前四時前ですよ。どうしますかねえ。カーテンを開けて窓の外を見る。少し明るくなりつつあるが人通りはない。自動車も走っていない。ロビーに降りて時間を待つ。四時だ。開店だ。昨日と全く同じメニューが並んでいる。日本の旅館の連泊だとこういうことはありませんなあ。でも此処はペルーだからその流儀に逆らう訳にもいきますまい。珈琲と生の果物のジュースとパンとチーズとお馴染みの中で、そういえば魚か肉か、そういうものがあったかしら。記憶にない。海から遠いのであったとしても夕食に鱒が出るくらいだ。淡水魚はどうにも好きになれない。あるだけましか。勿論朝はないですぞ。鱒は此処ペルーではご馳走なのだ。

これからクスコへ向かう。飛行機で一時間二〇分である。国内を移動するのに飛行機とは驚きだが、ペルーでは鉄道が発達していないらしい。車の車線と並行して鉄路が敷かれてはいるが列車が走っているのを目にしたことがない。その代わり、三十年以上も昔に日本を走っていた車がまだまだ元気に故障もせずに走っているのを見るのは何だか少し嬉しい。大体の車がＴＯＹＯＴＡと書いてある。鉄道は地形や国情からして必要ないのかもしれない。

クスコの街は、サント・ドミンゴ協会が一段と威容を誇っているが、元々はインカの遺跡が建っていた場所にスペイン人が侵入して土台の石積みを残して上部を破壊し新しく協会として建て増しした教会だという。クスコはインカ帝国の首都でもあった訳だが、石畳の広場や広場から八方に通じる路地はそのまま残されている。この複雑な路地は何処を通っても広場に通じているのだという。

クスコの街端に「サクサイワスン」と言う名の土塁に囲まれた広場がある。一体何のために作られた広場なのか未だに不明であるが、この広場を造るのに毎日二～三万人の人手と八〇年の歳月を要したという。他の遺跡と同様に綿密に隙間のない様に石を組み、その上に背丈程の土塁が施されている。推測であるが、この広場はインカ帝国の最後の王「アタハルパ」を中心に三〇〇〇人の兵が立てこもって最期の抵抗を試みようとした場所ではないのか、とも言われているが、合議制がとられていたのではないか、一種の宗教施設だったのではないかなどと言われており、まだ結論は出ていない。この先ずっと分からなくてもいい。インカ帝国の息吹を感じる。それでいいではないか。

これから四〇〇〇m級の山を越えてマチュピチュの麓までマイクロバスで行かなければならない。細い未舗装の崖っ縁の道を九五㎞もガードレールの助けもなしに行く車帰る車とすれ違いながらマチュピチュの麓を目指す。その間約二時間。マチュピチュの麓からマチュピチュの懐に入る駅までは、ディーゼルカーで約一時間三〇分かかるというが、勿論このディーゼルカーは機関車が二重連で引っ張る訳でもなし、スイッチバックして時間がかかる訳でもない。ただ一人で黙々と三日前の鉄砲水で水嵩の増えた川沿いを走り続ける。このマチュピチュというインカの遺跡は観光客を一日に七〇〇〇人に限定していると聞いたが、僕たちは運が良かったのだろうか。天空の端まで目をやっても一〇〇〇人もいないのではないだろうか。閊《つか》えることなくすいすいと登っていく。すいすいと登っているのは僕以外の人々だけで、僕は一人皆の足手纏いになっていて、ここで死んでもいいから冷えたビールと煙草を一本呑ませてくださいと頭を下げる直前の状態で何とか踏みとどまっていたので、最後の日本人の誇りは何とか持ちこたえていたと思う。

マチュピチュは手強かった。僕はこの世界遺産をテレビで何度も見たし、雑誌でも見たし、新聞の特集記事でも随分見ていたつもりだったが、何事も実地検分してみなければ知ったことにはならない。麓から天頂付近を見上げて、「うへぇ、これ登るんですか」と誰に漏らすまでもなく溜息を吐いた。でも、距離はそれ程でもない。高さも思ったよりも聳え立っている訳でもない。皆、笑いながら登っている。悶えて居るところもない。と言って、僕の体力と気力と辛抱と恥を曝すまいという根性論だけで果たして克服できるものかどうか全く自信がない。少し、舐めていたかな。

登り始めは比較的順調であったが中ほどまで登って来てから改めて頂上を見上げて呟いた。「まだ、こんなに残っているのか」とため息をついて両膝に手を突いた。何処から見ても頂上はいつもそこにあるのだから、いくら頑張っても少しの慰めにもならない。

僕は何の根拠もなしに体力にはある程度自信を持っていた。走るのも結構速かったし、中学校、高校、大学とスポーツも多少齧っていたので人並み以上の体力はあるとずっと思いこんでいた。ただ、何にしても持久力はないと自分でも分かっていた。これは致命傷である。瞬発力を争う競技と持久力を争う競技とは根本的に身体の仕組みが異なるのだ。一一〇mハードルを走る選手とマラソンを走る選手は心構えからして既に決着がついているのだ。

僕は五十代半ばごろ、男女による年代別の体力測定に誘い出されて基礎体力の測定に参加したことがある。握力や立ち幅跳びや十種類くらいの測定を行ったことがあって、更に体育館の中を十周くらいしてタイムを計ることまで真面目に参加して、二十代の若者に一週半も抜かされた。屈辱であった。測定結果は、何と僕は六十代後半の体力であるという審判を下された。

でも僕は情けないとかもっと運動をしなければいけないとかいうことは全く考えなかった。白歳まで生きるとして後三十余年間この体力を維持すれば済むことだ。僕の老化のスピードは今の時代の人間と比較するべきものではなく、あくまで平均値で攻め寄せてくる様々の統計や比較のグラフになど惑わされないで、マイペースで日々健やかに駄法螺を吹き、人を惑わし、困惑させ、全て正解は我にありと煙に巻くことである。

あれから十五年、僕の怪気炎はとどまる所を知らずに暴れまわっている。

ところが現状は御覧の通りである。しょっちゅう立ち止まって腰や足を抑える僕を見かねてか、現地ガイドのカルロスさんが心配してくれたのだろうか、一行の最後を喘ぎ喘ぎ登って行く僕を庇って背中を押してくれる。力強い山男の手だ。

剃刀の刃も入る隙間がないと言われるほど寸分の狂いもなく積み上げられた石段

の壁と、その壁に添う、これまた同じように積み上げられた石段は一段一段がとてつもなく高く、えい、と足を振り上げて上の段に足を掛けたと思ったら上の段の半分くらいにしか届いていない。足が届かないのです。膝はもうガクガクです。それでもやっとの思いでここまで来たんだ。松明を灯してでも登ってやる。

気構えだけは一人前でももはや体がついていけない。石段で踏み外しても、バランスを崩して転げ落ちても、カルロスさんが支えてくれる。もうこれ以上迷惑はかけられない。カルロスさんに助けられながらも一歩また一歩と登ってはきたがもう限界だ。天頂まであと高さ五〇メートルにまで迫っていたが断念したこの場所で皆を待つことにした。もうだめですと弱音を吐いて腰から砕け落ちて座り込んだ。カルロスさんが付き添ってくれた。

折角の一番のガイドの説明のしどころを諦めて、僕のためにガイドの名誉を金繰り捨ててまで付き添ってくれたカルロスさん。ごめんなさい。カルロスさん、お幾つですか、と何度も聞こうとしたが、インカの秘宝マチュピチュのガイドに命を燃やすカルロスさんに尋ねる機会を失ったのは当然の事、もう何十回も何百回も何千回もこの遺跡に登ったことであろう。観光客の先頭に立ち、また最後方で一行の安全を確かめたりしながら自然と足腰もこのマチュピチュの高い石段を上るのに適した力強さと間合いが身についてきたのだろうか。

日に焼けた浅黒い顔に僕はこの人こそインカの末裔を名乗っても良い人だと実感した。このカルロスさんは、いろいろな見どころがあるマチュピチュの所々で立ち止まって一行を待ち説明をしてくれる。そして必ず真っ先に話す言葉がある。

「さあ、日本のお客様方、ご覧ください」と呼び掛けて話を始める。僕たちは日本のお客様なのである。恥ずかしいことはできない。そうじゃないですか。帰ってから、

「いやあ、今日の客はひどかったなあ。いうことは聞かないし、勝手に動き回るし…」

などと仲間同士での話の中に悪評たらたらでは、生きて日本に帰れない。

マチュピチュは美しかった。太陽の神殿に祀られたインカの王達の復活を信じた連綿たる威厳と無念さとがそこかしこに輝いていた。

マチュピチュからクスコへ

その日、時代巡りは終わりになって、また何時間もかけて麓に降りてきた。もう夕暮れの時間が迫って来ていて、ロッジの周辺にも人影は見えない位の暗い影を落としていた。ホテルでもない、旅館でもない、一人一室のロッジが少し窪んだ広場の周りに点在していた。誰も歩いていない。同じ作りのロッジが同じ高さに並んでいるので僕は自分の部屋を端から何番目と何度も確かめながらオートロックの部屋を出てレストランを探した。客はあまりいないようだ。お定まりの夕食にお定まりのデザートってこれホテル同士で談合している訳ではあるまいな。

狭い日本の旅館と比べてみても、夕食は定番の料理もあるけれども、もう少し気の利いた料理が出てこないものかねえ。まるで軍隊の料理のように決まり切って腹いっぱいになればいいだろうという魂胆が透けて見える。それとも大恥掻くつもりで言えば、ペルー料理ってないのかしらん。間に合わせの誰でも嫌とはいえぬ世界レベルの料理でなくて、僕はペルーの料理が食べたいんだ。ハンバーガーやカップヌードルはいただけないが、ジャガイモとトウモロコシの料理が食べたい。

僕は貧しい少年時代を送ったから、食べ物に文句を言ったことはないが、少々食傷気味である。朝を除いて、昼も夜も必ずビールを注文しているが、ビールは日本のビールが一番うまい。残念な事に何処にも日本のビールは置いていない。地ビールを頼む。残念ながらコクと苦みが足りない。飲んだ気がしない。文句を言っても仕様がない。朝食前を除いてあとはビールだ、ビールだ。

翌朝朝食にレストランに行ったが、まだ早すぎて誰もいなかった。ただ今午前四時。とぼとぼと部屋に帰って暫くしてまた行ってみた。明かりがついている。柴田さんがもう来ている。やっぱり暇を持て余しているのかなあ。この柴田さん、少し腺病質で口数も少なく自分の世界に沈潜しているように見えるが考え過ぎだろうか。

荻原さん夫妻は仲が良く、いつも静かで自分たちにも皆にも波立つようなことは一切しないし一切話さない。土を相手に生きる仕事だと聞いたが、さもありなんと感心した。ご主人の征夫さんは僕より六つも年上だが、すっくと立って大股で歩く。元気そのものだ。病気がちの奥さんを気遣っていつも後ろから後押しするように歩いている。

安部さんはいつでも何処でも元気一杯だが、それが全てだとは思わない。いつも元気で皆を引っ張っていくがそれがすべてではあるまい。その元気さに妙に違和感を覚えてしまう。天真爛漫とは違う裏腹の寂しさを感じるのだ。

添乗員の松井さんは責任感の鎧を身に着けたサイボーグのように不死身だが、誰にも分らないように任務をこなし、小柄な身体を張って奮闘する。

これが二十人、三十人という大人数ならとてものことに一糸乱れぬ行動は叶うまい。それとも却って統率しやすいのかもしれないと思ったのだが、人任せにできないのが添乗員の辛いところであろう。ほとんど眠っていないのではないかと思う。まだ若いという馬力と責任感だけでこの旅をサポートしているのだろう。とにかくお化けみたいに元気なんです、あの人は。日本に還ったら寝込むのではないでしょうか。それはないか。旅行イコール人生みたいな人ですから。

人間と食—

時間的に順序が前後してしまったようだが、前日マチュピチュに向かう前にリマからクスコへ飛行機で移動していたことをすっかり忘れていた。何といってもインカ帝国の首都であったところであるから、忘れる筈はないのだがクスコについてその理由がやっと納得できた。

現在の首都リマのホルヘチャベス国際空港からクスコのアレハンドロ・ベラスコ・アステテ国際空港まで、全く舌を噛みそうな名前が並ぶが、飛行機で一時間二〇分かけて到着し、すぐに市街を歩いて見て回った。ガイドは初日と同じミゲールさんである。サント・ドミンゴ教会やアルマス広場など名の通ったところを結構時間を掛けて見学したのだが、僕はどうにも釈然としないものが頭にこびりついて離れなかった。

インカ帝国の首都だった筈なのに、全てがスペイン化されてしまって、それは仕方のないことなのだろうといくら考えても納得がいかない。全ての道がアルマス広場に集まってきて賑やかであり、建物は荘厳で、歴史を感じさせる風格がある。それはいいことなのだろうかと考え込んでしまった。強いものが歴史を造る。インカ帝国をスペイン化する。勝ったものの権利なのかもしれないが、僕はいつまでもその事に囚われていて素直に褒めたたえる気持ちにはなれなかった。

教会も建てて、宣教師もたくさんいて、キリスト教の布教にこれ務めたであろうことは当然としても、過去の痕跡を根こそぎ掘り起こして無きものにするという強引さに人間の強欲と傲慢さを感じる。クスコに嘗ての首都であったという面影は微塵もない。郊外にはインカ帝国時代の遺跡や植民地時代の痕跡が保全されているというが、僕にはもうどうでもよいことであった。

クスコを発ってマチュピチュに向かったが、途中で昼食をとったレストランで休憩をした。メニュウは、スープとハーブのようなものを数枚千切って撒き散らしたサラダとスパゲテイだった。内容について松井女史が責任者に何度も確認していた。予定と違っていたのだろうか。どうやら間違いではなかったらしい。

最初にスープ。掻き回すと麺らしきものが入っている。一口啜ってみて舌と頭に強烈な衝撃が走った。何だ、これ！　カップヌードルではないか！　スープの味も麺の形も味も、あの世界を席巻しているコンソメと醤油が入ったカップヌードルそのものだ。多少ペルーらしく味を調えてはいるが間違いない。いや、カップヌードルの麺というよりは春雨に近い。ねっとりとしてとろみがある。これはペルーの料理なのか。まあ、いいか。

生野菜はぺらぺらとして食べ応えがない。最後に出てきたのは見た目も味もデパートの食堂でよく出てくるナポリタンだ。一体此処は何処なんだ。外国旅行に行って、食事に関してはあまり期待してはいけないとよく言うけれども、ガッカリどころかゲッソリである。

大の男がたかが食事のことで四の五の言うでない。男はさっさと食べてさっさと用を足して黙って家を出て行くものだ。そうでないと「いざ鎌倉！」という時に後れを取る。これは我が家の家訓であり、西郷隆盛以来の鹿児島県人の男の心構えである。父が言うことには、彼の西郷さんは、朝餉の味噌汁に味噌の入っていない味噌汁を食べて一言も文句を言わず黙って家を出て行ったという話を何度も聞かされたが、果たしてそれは良い事なのだろうか。普通なら首が飛ぶぞ。

味噌の入っていない味噌汁を黙って飲んだ西郷さんは、きっと一声掛ければよかったか、と後悔したに違いない。さもなくば、現在の料理の世界的発展はなかったに違いない。ミシュランも仕事がなくて困ったことだろう。大昔から美食家は大勢いたし、美味しい食べ物を求めて世界中を旅した人も千人やそこらでは収まるまい。今や飽食の時代と言われて久しいが、片や毎日の食事に在りつけず空腹のまま疫病に倒れたり飢え死にする人々が、子供たちを中心に何百万人といる現実を見逃し忘れ、あるいは意識して目を塞ごうとしているのではないか。

腹に入ってしまえばキャビアもフオアグラもカップヌードルも同じではないか。そう思えば苦しゅうない。鰯も鮪も苦しゅうない。伊勢海老もオキアミも苦しゅうない。

僕の食事にはもう一つ大きな欠点があって、食べるのが遅く、しかも何を作ってやっても実に不味そうに食べるのだそうである。ごく普通に静かに食べているだけなのに、父が見咎めてすぐ文句を言う。「お前はどうしてそんなに朝昼晩と毎回不味くてたまらんと言わんばかりに食うんだ。もっと美味そうに食え」

兄はいつも上手そうに食べていた。僕と弟は同じくらい普通に食べていたのだが、父は僕に言えないような腹黒い憎悪のようなものを抱え込んでいたのだろうか。猫舌ではないので熱いうどんなんかも美味そうに食べていたつもりなんだけどねえ。にこにこ笑いながらうどんを啜ると美味そうに見えるのだろうか。熱くてやっていられませぬ。いざ鎌倉に後れを取っても良い。不味そうに食べて皆を不機嫌にさせても良い。味噌汁には必ず味噌を入れろと言って煙たがられても良い。僕は僕流に食べるんだ。野菜、野菜とうるさく言うな。僕は鶏ではない。

喉元過ぎて腹に収まれば、キャビアもフォアグラも伊勢海老もみんな同じであってなんでも詰め込めばよいというものではない。料理というのは喉元過ぎるまでが勝負であって、食道に落ち込みそうになってバランスをとりながら、口中で香りを味わい、歯応えを味わい、舌に纏わりつく微妙な味を堪能し、最後に意を決して噛み砕いて奥へ送り込む。そしてその香りと味の余韻に酔い、何を食べたかを再認識して初めて料理を味わうと言うことになる。これが最後の料理に達するまで続かなければならない。徒や疎かに食器に齧りついて大口開けて掻き込んだりしてはならない。

腹に収まった後も腹の中での落ち着き具合が違う。搔き込んだ料理は身の置き所なく腹の中で踊り狂ってしまう。げっぷが出そうになってそれを収めるために顔から火が出る思いで恥ずかしい思いをする。でも、まあいいか。宮中晩餐会でもあるまいし、美味そうに食べればそれで万事良しとしよう。

その後、やっと旅に順番が本筋に戻って来てマチュピチュ見学を終え、展望列車とバスを乗り継いで四時間半かけてクスコへ着いたのでありました。

国境の湖—チチカカ湖

クスコからチチカカ湖までマイクロバスで約八時間もかかるが、何しろ観光客なので現地ガイドのカルロスさんもサービス精神旺盛で途中も途切れることなく説明をしながら飽きさせないようにという配慮の下に言葉を切らない。

アルパカの放牧、リャマの群れ、時に珍しくビクーニャも見られる。このビクーニャはこのペルーでも数は少ないらしく、その毛は実に貴重であって、一枚のセーターを作るのに一体何頭分の毛を必要とするのか、さすがのカルロスさんもそこまでは承知していないらしい。とにかく本来はコート地として昔から羨望の的であったらしく、現在は世界の高級品店でマフラーは一五万円、セーターなら五〇万円、コートなら五

○○万円は下らないという専らの噂である。現地では当然製造はしていないだろうが、パリやニューヨークや東京では富を独り占めする大金持ちが煙草でも買うように買っていくのだろう。因みにアルパカの薄手のセーターは、リマで一〇〇ドルだった。質の良い銀のネックレスが三〇〇ドル、帽子は一二ドルだった。

そうこうしている内にチチカカ湖の周りに密集して立ち並ぶ日干し煉瓦の二階建ての群落についた。一応人を泊めるための建物だと言うが、どう贔屓目に見ても僕にはそう思えない。眼を遠くへ移すとちょうど対岸辺りに立派なホテルが見える。あれがそうか、と思って少し安心した。マイクロバスは湖岸を一周しながらそのホテルを目指しているようだ。段々その目指しているホテルを近くで見るとまるで大きな客船のようで、上部が傾いて奥の方に横たわっているように見える。部屋もかなり広い。

すぐに集合がかかってチチカカ湖の遊覧と洒落のめして沖へ向かった。僕は言わずと知れた高所恐怖症であるが勇気を振り絞って船室の屋上に昇った。波の飛沫が風に吹かれて顔に降りかかる。足ががくがくする。先に屋上に昇っていた阿部さんのカメラを借りて写真を撮ってあげたが綺麗に映っていたかどうか心配である。

湖の中程まで進んだ時向こう岸から一隻の国境警備艇らしき船が近づいてきた。あたりを見渡すと丁度ペルーとボリビアの国境付近になるのだろう。このチチカカ湖は湖上に国境があって、チチカカ湖の面積の三分の一ほど南側がボリビアの領土となっていて、残りの北側の三分の二がペルーの領土ということらしい。国境を越えても良く分からないし、一応警備行動の一環として出張って来ただけだろう。明らかに国境警備隊だ。船の形といい、色といい、不気味な静けさといい、機関砲位は装備しているのだろうが人影は見えなかった。ご苦労な事です。

島が見えてきた。トトラ葦でできた浮島ウロス島だ。乗り移ると、かなり厚みがありそうに見えるが足元がゆらゆら揺れて覚束ない。インカ帝国の末裔らしきインディオのご婦人がケチュア語で話しかけてくる。それを現地ガイドのナンシーさんがスペイン語に訳して松井さんに説明する。さらに日本語に訳されて僕らはやっと理解する。聞けばまだ四〇歳くらいだという。長生きの人でも六〇歳が最高齢とか。浮島を広げるために育ったトトラ葦を縄でつないだり修理をしたりするのは女性の仕事で、男性は専ら空気銃で湖上を舞う鳥を撃つのだという。やはり短命らしい。

最後に店に案内されてアルパカの毛で編んだカーデイガンやセーターやバッグを見せられたうえで売り込み攻勢にあった。浮島からはどうしたって逃げられない。二五ドルと言うカーデイガンを松井さんが一五ドルまで値切ってくれた。それにしても一五ドルで労力に見合った金額だと思えるのだろうか。向こうも慣れている商売だから、と松井さんは言うが、確かに値段相応ではある。

海から遠く離れているので海の魚は食べられないが、淡水魚ならあると言うので何が出てくるのかと楽しみにしていたら鱒だった。僕は肉より魚の方が好きなのだが、魚なら何でもよいという訳ではない。鮎の塩焼きは何匹でも食べるが、鱒は苦手だ。

と言って、代わりがある訳ではないし、好き嫌いを言っていては旅行はできない。結局丸ごと全部食べた。他にないんだもの。腹が減っているときは何でも食べられる。古人の言い訳みたいである。

リマに着いてからいつも二〜三時間しか眠れない。それでも疲れは感じない。

「ヤンケ」とは一体何処だろう

チチカカ湖を朝出発して五時間かけて「ヤンケ」に行ったと行程表に書いてある。はて、ヤンケとは何処だろう。何を見たのだろうか。何処を歩いたのだろうか。途中で何回かトイレ休憩を取りながら、アルパカを飼っている家で休んだり飲み物を買ったりした記憶はあるが、なんとも頼りない記憶である。

二七〇㎞もマイクロバスで走ったのであるから、何か大事なものが記憶から落ち零れてしまったらしい。昼食には、日本人だか日系人だかが経営しているお店の方が、これが何の店を経営しているのか皆目思い出せないのだが、わざわざ作ってくれたお結びを食べたのは間違いない。梅干しが入っていて久しぶりにご飯を食べた気がした。

その後も暫くの間バスに揺られて彼方此方見て回ったのは確かであるが、一体何を見たのやらまた記憶が薄らぼんやりしている。インカの遺跡らしいものを見たわけではないし、スペイン風の聖堂を見た記憶もない。聳え立つ山々を遠くから眺めたというものでもない。大変だ。大事な後半の記憶が何の印象もなくぶっ飛んでしまったらしい。

宿泊は同じ「ヤンケ」市内の、コルカ・ロッジというといかにも「ロッジ」という名に相応しいやや谷底に下っていく風情の静かなホテルだった。温泉が湧いているそうで足湯位ならすぐにでも水着を借りて利用できるそうだ。僕は子供の頃、家にお風呂がなくてよく銭湯に行っていた。銭湯と言っても天然の温泉の銭湯で、湯元ではなかったが沸かし湯ではない。祖母や大叔母や母と一緒に女風呂に入って体を洗って貰っていた。時間が余ると手持無沙汰で両足を湯船に突っ込んでいると次第にのぼせてきて茹蛸になってしまって皆を大慌てさせたこともあった。

僕は特異体質というか、アレルギーがいろいろあって、例えば帽子を被っているとのぼせる、磁気の指輪をしていると吐き気がする、素手で石垣の草を毟っていると両手が肘まで真っ赤になって痒い、花粉症の気も喘息の気もある、子供のくせに眩暈と頭痛がする、育毛剤に気触れるなどありとあらゆるおかしな病態がいつもあり、健康で体力もあり、外で自由に遊びまわるという子供時代を送ったのに、同時にそういう妙なところも併せ持ったおかしな人間なのである。今もそれは変わらない。生き辛いとは思わないが、多少しんどい事はあっても結構楽しくやっているつもりである。

此処のロッジはオートロックで、鍵を使って中に入ってドアを閉めると当然ロックが掛かり外からは開けられない。だが中からは開く。そのシステムに馴染めない僕は、今晩はもし泥棒が入って来ても仕方がないと思って、施錠していない状態だと思い込んでいたが意外と久しぶりにぐっすりと眠れた。短時間ではあったが、良く寝た。泥棒なんて滅多にいないものだなあ。

コンドルの谷

また今朝も早く目覚めてしまったので、身支度を整えるとレストランに行った。午前五時からと言われていたが、坂道を登って玄関からガラス越しに見るとカウンターの奥の灯りがぼんやり点いているだけで人影はない。早すぎた。元来た道を部屋に向かって歩いて行くと、夕べとかなり異なる感じがする。自分の部屋に戻れないのだ。いったん奥底まで下りてまた昇り始めたが全く区別がつかない。同じ家の形、同じようなドア、見覚えのあるような欠けたブロックを見つけてやっと無事自分の部屋に戻れた。ロッジと銘打つだけあって確かに風情はあるが、鍵のことといい、部屋のことといい、全く余計なお世話である。少し遠ざかって全体を眺めてみると、いやはや、僕に分かる訳がない。皆同じである。少し段違いになっているだけで僕の部屋がどの辺りに沈み込んでいるのか見当もつかない。

やっと朝食にありついて部屋に戻ろうとおっかなびっくりでそれらしき場所をうろついていると、意外にまっすぐ部屋に辿り着いた。ドアに見覚えがあった。暗いと自分の位置関係がはっきり分からないが、明るいとすぐ位置を把握できる。

さあ、今日は、僕のペルー行きの最大の目標であり、ぜひとも写真に収めたいと思っていたコルカ渓谷のコンドルの森を見に行く日なのです。今日も、現地ガイドはナンシーさんです。このナンシーさんはいつ何処からコンドルが飛び出してくるか経験からよく知り尽くしている女性で、僕を一番の場所に案内してくれた。コンドルは、今座り込んで見張っている側の崖から突然飛び出してきて上昇気流に乗り、向こう岸に渡り又こちら側に来てまた向こうへと動き回るので一度カメラから外したら二度と捉えられないと言っていたのを思い出して、レンズを三〇〇㎜の望遠に取り換えてシャッターを連写に切り替えた。ただ、いつ姿を見せるかについてはさすがのナンシーさんも経験をいくら動員しても時間までは特定できないという。

周りには多くの観光客の人々がカメラを構えているが、何処で待てばよいのか辺りをうろうろしている。僕はナンシーさんに教えて貰ったので最初の場所をじっとして動かない。カメラを握る手にじっとりと汗がにじんでくる。待つこと一時間三〇分。突然ナンシーさんが叫んだ。

指さした谷の下を見ると、こちら側から飛び出した一羽のコンドルが羽を広げて向こう側へ飛んで行こうとしていた。あわてて僕はレンズを向けファインダーを覗くが捉えきれない。やっと少し茶色がかった姿を捉えてシャッターを連写した時はもう元の巣に戻ってしまっていた。

続けざまにまた同じ方向から、今度は少し濃い色の青みがかったコンドルが飛び出してきた。こちら側に向かっているようだ。今度は見切ることなく終始コンドルを追いかけシャッターを押し続けたが、やはり少し遠いようだ。それでも先ほどよりはかなり接近してきていた。三度目の正直だ。今度は逃さない。

三度目に賭けて初めからこちら側の崖の巣のある辺りにレンズを向け、シャッターに軽く指を掛け、その時を待った。出たー！　ナンシーさんが現地語で叫んだ。今度はかなり近くに飛び上がったかと思うとあっという間に向こう側に渡り、広い谷間を悠々と滑空している。まだ遠いな。あっという間もなくこちら側へ飛んできた。黒い翼に白い腹をしている。夢中でシャッターを押し続けた。

やった！　撮れた！　ナンシーさん、ありがとう。綺麗に撮れていたら送ります。そう約束したけれど、まだ約束を守れていない。ナンシーさん、何処にいるの。

コンドルだけで、撮影枚数は八〇〇枚になっていた。でも、皆さんにお見せできるのは二～三枚だけです。ナンシーさん、何処にいるの、ナンシーさん。

彼女はいつもにこやかにゆっくりと説明してくれるが、すぐ日本語で理解できないのがもどかしい。できるだけ史実に忠実に、言葉を噛み砕いて話してくれているのだと思うが僕には何にも分からない。

ただ、この地のコンドルも人間の欲望の餌食となって、その数は一時期急激に減ったらしい。羽毛を取るためなのか肉を獲るためなのか、近年絶滅した地方もあるという。カリフオルニア・コンドルは絶滅に瀕し、最後の野生の個体が一九八七年に飼育繁殖のために捕獲された。以前から飼育されていた鳥もおり、飼育下での繁殖は成功しているという。今日では、野生に戻され、二〇一一年現在およそ二〇〇羽が野生で暮らしているという。このペルーの「コンドルの谷」の主たちは一体何羽が生き延びているのか見当がつかないという。保護飼育など研究しているのかどうかについては残念ながら聞きそびれてしまった。取り敢えず今回の旅の最大の目的は果たしたと安堵したそのすぐ後に心の片隅に暗雲が立ち込めて不安になってきた。八〇〇枚も撮った写真の中に何枚位が綺麗にはっきりと大きく映っているか確かめようがない。それは帰ってからの楽しみだと思い直して、アレキパに向かうバスに乗り込んだ。

僕はとんでもない機械音痴なので、今世界を席巻しているインターネットやスマートフォンやコンピューターの塊のようなカメラや自動車は全くお手上げである。フィルムカメラは今頃は珍しくなって一部の愛好家や頑固な専門家以外のカメラは全てメモリーカードに記録されるようになっている。カメラを操作すれば、今撮った写真がどういう風に映っているかすぐに確認できる。だが、僕はそれができない。教えて貰ってもすぐに忘れてしまう。自分であちこち弄っているうちに偶々巧くいくこともあるが、元々偶々なのでそれもまたすぐに忘れてしまう。我ながら厄介な性分だと思うが、むりに頭を虐めないでそういうことの得意な人に頼むことにして僕はただ見ているだけにする。きっと迷惑だと思われているでしょうが、僕の恥は一時ではなく一生続くのでしょう。

おまけにとんでもない方向音痴です。手先は不器用です。聞き間違いも多いです。

この聞き間違いということについて笑えない過去が一つありました。僕は三〇歳間近になって自動車の運転免許を取りました。実際に教習所の自動車に乗り始めて二回目の時間に教官に突然言われました。適当な場所に移動するために教官が低速ギアで運転していたのですが、突然教官が「セカンドに入れて！」と言うので変速レバーを握っている教官の左手を手の上から右手でむんずと鷲掴みにしてギアをセカンドに入れたのです。驚いた教官の怒ること、怒ること。やっと興奮の醒めた教官の言うことには、「昨日は運転初日だったけど、ギアをセカンドに入れた？　という質問をしただけだ」とおっしゃる。「セカンドに入れろ」と確かに僕は聞いたと強弁はしなかったが、その後、実地教習も路上教習もめいっぱい乗ることになりました。仮免許も卒業検定も一発で通過しましたが、いまだに思い出し笑いが絶えないのであります。

最後になる直前まで何度も言われました。ブレーキを踏むのが遅い。今でもその傾向は矯正されておりません。僕の自動車に乗ったことがある不運な人々は、きっとひやひやしながら目を閉じて乗っていたことと思います。もしかしたら余程度胸のある、常に死を覚悟できる立派な人だったでしょう。

コンドルが舞う空

朝鮮の古民謡の子守唄が何故か懐かしく心に沈み、思いも及ばぬ古人の魂と共振し昔何処かで見た防空壕に住む老婆の嘆きが僕の侘しい胸を掻き毟る。遥か遠く古人の囁きに乗って、まだ見ぬ沖縄の島々の踊りと歌が爪弾くかと思えば激しく掻き鳴らす蛇皮線の呟きが咽び泣き、或いは、まだうら若き少女を口説くように遥か昔を物語る初心な男の照れ笑いのように頬が引き攣る。

まだ超えたことのない海峡の向こうの島人達の歌と踊りと酒と蛇皮線の饗宴がいつ果てるともなく夜空を焦がす。見たことも聞いたこともないオモニの歌声と泡盛の酔いに身体中の血が逆流して、その瞬間に僕は遠い旅を思い立ったのだった。僕と同じ血が流れる来し方も知らぬいつぞやの異人の足跡を探す旅に出たとき僕はまだ三歳にも満たなかった筈だが、一体何処へ、如何にして、星を頼りに、たった一人で何をしようとしていたのだろう。何を手掛かりに何処を流離おうとしていたのだろう。

その昔、インカの帝王の生まれ変わりと言われる「コンドル」という死肉を食らう猛禽類に啄ばまれ、遥か南米の空高く舞い上がって天に近づいた愛しの人の魂は今なお清々しき人の訪れとして夜な夜なベランダの手摺に腰を掛け、もう朝よ！　と水の玉のような挨拶を転がす。僕は嬉しいけれども、君はもう終わりにしていい。生まれ変わる泉が枯れてしまう。僕はそれが悲しい。

墓参りも一月に三度も四度も行っていたのに、最近は一度か二度が精一杯になってきた。面倒な訳ではない。暇がない訳でもない。思いも届かぬ遥か遠い所へ行ってしまった君なのに今はいつも傍にいるような気がして、そして寂しいけれどもいつしか一人でいることに慣れてしまってお墓までがとても遠くなってしまったらしい。気持ちの整理をするためにも行きたいときに何度でも墓参りには行って下さいという人もいるけれども、僕は祈ったことがない。毎朝、仏前に君の好きだった珈琲を供える時も僕は祈ったことがない。手を合わせるけれどもそれは形だけの上のことで、君に思いを馳せることもない。僕の心は空だと言ってもいいと思う。

墓前も仏前も僕は静かに手を合わせるだけで不思議と落ち着いていて、何も聞こえず、何も見えず、大きな湖面に騒ぐ風の波紋のそよぎさえ感じないほどの孤絶を保って一瞬止まった時間の間、僕は空を感じ取る。何もない。僕自身さえいなくなる。君もいない。生きているという気持ちさえ感じなくなる。誰かのために生きることを僕はとっくの昔にやめてしまったからやっと誰かの許しを得たのだろうか。

僕はもう若くはない。余裕という時間が残されてはいないことは分かっている。それがいつになっても慌てないという心持でいつも過ごしている。それでも、生まれる前の「無」というものに還ることが、この宇宙そのものが「無」に還るということが少し不安でもある。これは如何ともし難い。難敵だ。如何なる形であったにしても、僕は今の世界の在り様以外に望むことは決してない。さらさらと小川の流れる畔に広がるお花畑など見たくはない。赤鬼青鬼が立ち塞がる針の山も大釜で茹でられるのも御免蒙る。ぽっと生まれてぽっと消える。そういう人生が好ましい。それで僕は一体何を探しているのだろう。

漠として空高く、子供を背負って太陽を追うような眼が眩む遠い旅をしたという古人は、腰が砕け、足が縺れても息絶えるまで西へと向い続け行き倒れたという。それでもなお真夜中のオーケストラの指揮者は目を閉じ黙して指揮棒を振るう。一体誰に何を期待するのか。カンカン照りのこの喘ぐ暇もない死の行軍の中で正気の崖を踏み外して夜に転げ落ちたのか。僕は誰の背に縋っていたのだろう。

僕は系譜などという立派な歴史は持ち合わせていないし、いくら遡っても精々親と祖父母までの記憶が精一杯でありその先は闇の中だ。誰かがいた筈だが杳として知れない。無駄な作業だとして放って置くわけにはゆくまい。

アレキパ歴史地区へ

僕は誰かの代わりにはなりたくない。誰かの代わりに誰かを慰めて生きたくはない。もし、すでにそういう立場にあって生かされているのなら、僕は自らの生を閉じようと思う。未来にはもう何もないのだから。今だって何もなくて気付かないふりをして生きているのだから、誰も文句は言うまい。文句を言う人がいるかもしれないなんて思い上がりも甚だしい。僕にははじめから何にもなかったのです。自惚れていただけなのですね。この年齢になって初めて分かりました。地球の裏側にも、僕の魂を鎮めるところはありませんでした。

「コンドルの谷」を出て約三時間。五〇〇〇m級の山の峠を幾つも越えて、アレキパの街に入りました。石畳の小道が縦横に張り巡らされていてインカ帝国以来のリマに次ぐペルー第二の都市として繁栄を極め、商工業の中心土地で交通の要地でもあり、太平洋岸の港モィエンドからクスコやチチカカ湖方面へ通じる鉄道が通っているそうである。鉄道はついぞ見かけなかったがこの街の、この国の鉄道をぜひ見たかったと今も残念に思っている。太平洋岸を南下するパンアメリカン・ハイウエーがアレキパの近くでチリとボリビアに通じる道路に分岐しているという。

多くの火山活動に刺激された地震により大きな被害を被ってきたが、僕たちがマチュピチュにのぼった日の二～三日前にも鉄砲水で甚大な被害を被ったらしいが、ディーゼルカーのすぐ脇の川が両側の土塁を削りながら荒々しい濁流が轟轟と音を立てて流れていた。

このアレキパという街が諸産業の主要都市であるということが、特に穀物の栽培と放牧の盛んな羊毛加工地であるという説明は唐突で不似合いな印象を与える。大聖堂やサン・アグスティン大学とサンタ・マリア大学という二つの大学があるという事実は、どうしても文教都市という言葉が先に出てくる。

最も時間を掛けて見たサンタ・カタリーナ修道院の中はきちんと通路が縦横に張り巡らされているが僕にとってはまるで迷路であった。若い少女たちが生活するにしてもかなり窮屈と思わせる広さでしかなく、木製のベッドと机があっただろうか、彼女たちは毎日ここで何を祈ったのであろうか。

中庭らしきところに出たが、その前だったか後だったか定かでないが、少し広めの部屋の壁際に、イエスか神か判断できないが、立って片手を差し伸べている像の前に少女が跪いて頭を垂れている。指先と少女の前にある大きめの桶のようなものがあってその中間に金属の漏斗状の大きなものが浮いている。

ナンシーさんの説明はよく聞き取れなかったが、要するに（漏斗状の）この器で漉した水は綺麗な水であるのでこの水を飲み手を洗いなさいということを意味しているということらしい。僕は少し違うのではないかと思ったので少し口を挟んだ。この神らしき像の指先から出ている水は聖水であり、もしかしたら洗礼の意味をも含んでおり、汚れなき乙女として毎日お祈りを捧げなさいと言う意味ではないかと感じた。そういったけれども一笑に付され終わりとなった。ロートで漉した水なんてカトリックの教えにそぐわないのではないかと思ったが、それ以上は口を噤んだ。

ナスカの地上絵

いよいよペルー探索の最終日になった。僕は観光とは言いたくない。単なる物見遊山ではないのだ。テレビや雑誌で見たインカの遺跡が実際はどういう姿を晒しているのか、何処まで世界中の探索者の慧眼に耐えうるのか、僕はそれを確かめにやって来たのだ。余りにも、余りにも、謎と奇抜さと興味心と疑惑をそそるこのナスカの地上絵を見るためにと思っていたが、実は半分諦めていたのも事実である。

この地上絵の存在は大分以前から知られていたが、記憶を辿ると、この地上絵のことを知ったのは僕が二十代の頃で、もう今を去ること四〇年も前の事である。ペルーの南海岸にこの地上絵のある砂漠があり、地表の小礫を露出させ、その下にある石灰岩の地肌を露にすることで、一キロメートルの直線や、翼が三〇〇ｍにも及ぶコンドルや、サル、クジラ、魚、渦巻き、トカゲ、クモなどを描いた地上絵のことを興味深く見入っていたことがある。

最近の調査では近くの山にも一〇〇を超える絵が確認されている。当時は、地上ではなく空中から見ないと何が描かれているのかさっぱり分からないという理由によって、いつ誰が何のために描いたのか今もって不明である、ということが通説になっていた。こういう時に必ず顔を出すのが宇宙人である。宇宙船の滑走路ではないかとか直陸目標ではないかとか散々言われてきたが、垂直離陸ができる宇宙船に滑走路は必要あるまい。百歩譲って滑走路だとしても直線か円でよかろう。クジラは何さ、クモは何さ、魚は何さ。勝手な事を言うな。

現在に至って、ある説として、儀礼と関連した天体観測の意味があったとも考えられているが未だ解明されていない。地上絵の陰に隠れて注目を集めてはいないが、ナスカ文化の遺物の大半は地下深く掘って作った墓の副葬品なのである。人物・動植物などが描かれた浅鉢、深鉢、橋付き双注口壺などの多彩色土器のほか、土偶、太鼓などがあり、織物を始め、頭飾り、腕飾りなどの金細工も多い。この博物館がペルーの何処にあるのか知らないが残念ながら見損なった。

約二五分間の軽飛行機によるアクロバット飛行が見せてくれたのは、まさに実物大の地上絵であり、コンドルもクジラもサルもヘビも魚もよく見えた。ただ、少し合点がいかなかった。現場は立ち入り禁止なので地上を歩くことはできなかったが、たとえコンドルは見えなくても石灰岩のはみ出た白線の端を踏んでみたかった。はたして白線の幅は何センチメートルあるのか、この目で確かめてみたかった。特別な研究や取材以外は立ち入り禁止なのだ。

この地に「奇人」と呼ばれるナスカの地上絵の研究一筋のヨーロッパ人の女性がいることは知っていたが、もう何十年もこの近くに小屋を建てて研究に勤しんでいるという。どうか生きているうちに謎を解明してほしい。そう祈らずにはいられなかった。

リマの街角

ナスカの帰りに五時間かけて、マイクロバスで首都リマに帰って来たのだが、既に見るほどのものは見つ、ということで専ら市内案内を兼ねてバスであちこち走り回った。相変わらず人と自動車の洪水の中を冷や冷やしながら思わず目を瞑ることが何回もあった。第一に車線がはっきりしない。車線があってもリマの住民にとってはないも同じことで、特に乗り合いタクシーの若い兄ちゃんたちはクラクションを鳴らし、自動車の登録ナンバーを振りかざして客を募る。

信号で止まると十字路のあちこちから湧いて出たように少年少女たちが押し寄せてきて、アイスキャンデーや飲料水の類を買ってくれろとうろつき回る。信号が変わるとあっという間にどこかへ消える。いわゆる渋滞の状態なのだが、じっと空くのを待つのは皆嫌いらしい。自動車の鼻面をほんの小さな隙間に突っ込んできてこじ入れようとする。ほとんどが日本製の三、四〇年前の中古車だがこうして地球の裏側で元気に走り回っているのを見ると嬉しくなる。

元々、スペインのピサロがインカ帝国を滅ぼしたとき、植民地政府の主都はインカ時代の首都であったクスコに定めたのだが、南アンデスの中腹にあったクスコよりスペイン本国との連絡に便利な沿岸部にリマを建設し、植民地の主都をリマに移したと言う。その間紆余曲折を経て人口が二万五〇〇〇あったものが一九五〇年までに五〇万を超えた。この間一八二一年ペルーがスペインから独立するとともにその首都となった。現在は各種産業の一大首都圏として人口が増え続け、二〇〇七年の推計で八五〇万人とされているが全ペルー人口のなんと三分の一が集中していることになる。

現地ガイドのミゲールさんは、一〇〇〇万人と言っていたが、もうその位には増えているのだろう。とにかく町の中心部とインカの遺跡群のある場所とはまるで別の国にいるような錯覚を覚える。

インカ帝国の征服者、ピサロは本来探検家であるが、一五二二年にH・ルケ、アルマグロと協力して、パナマよりラテンアメリカ西海岸の探検を試み、ペルーのインカ帝国の存在を確認、一五二八年一度帰国して国王カルロスI世を説得し、インカ征服の交渉に成功、部下とともに貴族に列せられ、一五三〇年パナマに戻り、一五三一年一八五人の兵、三七頭の馬、船三隻を率いてペルーに出発。一五三二年インカ最後の皇帝アタワルパを捕えて翌年処刑してインカ帝国を滅ぼした。一五三五年にはリマを建設し、全ペルーを支配した。然し、一五三七〜三八年の内戦でアルマグロと争いこれを破って処刑したが、のちにその残党に暗殺された、とある。インカ帝国発見からわずか一五年の栄華であった。

現在、インカ文明を最後の頂点とするラテンアメリカインデイアン（インディオ）

の諸文明が栄えた地に、今日もケチュア族、アイマラ族などのインディオが人口の約半分を占めるが、その大半は山間の厳しい自然環境で極めて貧しい生活を送り、沿岸部を中心に住む約一〇%の白人との貧富の差が著しい。そのほか、メスティーソと呼ばれるインディオと白人の混血が約三〇%を占め、日本からの移民とその子孫も約〇・五パーセントに上る。

南米やハワイ州を始め日本人の移民の歴史は優に一〇〇年を超すが、先達の人々の苦労や悲しみは推し量ることすらできない。第二次世界大戦下の捕虜収容所での待遇は日本人は敵であり、いつ裏切られるやも知れぬという疑心暗鬼の中で、忠誠を誓った敵国の人間の言うことなど誰も聞いてはくれなかったであろう。数年前、アメリカの政府高官がやっと戦時中の扱いに関して謝罪し補償について言及したが、時はもう還らないのだ。

デンバーから成田へ

日本の福島駅を発って一三日目、いよいよリマを出発し日本に帰還するために最後の飛行機に搭乗する。ヒューストンからの乗り換えで、時間的余裕があったのでもう走らないで済むかと思うと身体が勝手にアメーバ状態になって自分ではコントロールできずになるに任せていた。

また、どこかの飛行機がコロナ禍に怖気づいて欠航を決めデンバー回りになった由、致し方ない。ヒューストン発成田行きが欠航と決まった時、代理店から連絡がありこう知らされた。「それでも旅行に参加しますか?」という。当り前じゃないか。昨年の一〇月からずっと楽しみにしていたのだ。参加者が何人に減ろうとツアーが実施される限り参加しないという選択肢はない。

　ヒューストンからデンバーまで約一時間三〇分。イチローが名を馳せたシアトルまでそう遠くはないのではないか。外はまだ明るかった。現地時間一二時三〇分。セーター一枚ではさすがに肌寒かったが。羽織るものはトランクの中で今更荷室を開けて探す勇気も元気も時間もない。成田までこのセーター一枚と帽子を被って辛抱するしかない。

　寂しいところだなあ。殺風景なところだなあ。それにしても、寒いところだなあ。

　成田行きのこの飛行機は、今まで乗った度の飛行機よりも一回り小さい気がする。機体も幾分古そうで、左側三席、真ん中三席、右側三席の一列九席だからそれほど小さい訳ではないのだが、全長も短いし幅も狭い。最前列から最後尾まで精々二五列とすると、満席で二二五席だがこんなものだろうか。最近はジャンボジェット機のように馬鹿でかい飛行機は敬遠されて、二五〇〜三〇〇席くらいのものが世界中で重宝されているらしい。ジャンボは既に生産中止になったし、「大きいことはいいことだ」という時代は終わったらしい。

それでも空席が目立つ。おまけに三席纏めて独占している人が何人かいる。後部座席の方である。僕は真ん中の席の右端だったが後から来る人の気配はない。さすがに三席を独占してゆっくり休もうなどということは些か良心が痛む。気のせいか、乗客も様変わりして青い目の外国人がぐっと減って、良く見慣れた人相をしていて黒い髪のまさしく東洋人が目立つ。言葉は交わさないが、見るほどに韓国の大学生の卒業旅行と言ったところだろうか。皆同じような顔つきで、言葉も文化も違う人々に囲まれて過ごしてこの二週間ほどに比べると何故かほっとする。皆若い。

そのうちキャビン・アテンダントのすらりとした女性が手荷物のものをチェックするために何かを見せて欲しいと言いながら機内を回ってきた。いきなり、「ニッポンジン、デスカ?」と聞かれて嬉しくなって、「はい、そうです」と答えて失礼のない程度によくよく彼女の顔を見ると、まさしく韓国人である。途端に昨今の日韓間における経済、貿易、社会活動の断絶状態が貧弱に見えて仕方がなかった。何が問題なのかじっくりと考える必要があるのではないか。たがいに国のメンツを掛けてただ大向こうから遠吠えしているだけに過ぎないとしか思えないのである。

古い歴史を繙くと、日本のあらゆる文化・生活様式・土器や青銅器や鉄器・生きていくための生業・政治制度・文字に至るまでおよそ国家形成のあらゆる基礎的なものは中国から朝鮮半島を通じて伝播してきていると言っても過言ではないであろう。物だけでなく人的交流もまた陶工をはじめ、倭から大和へそして日本へと拡がっていったのも中国や朝鮮半島の国々を抜きにしては語れない筈である。漢字においては今や完成の美学と言えるほどに美しい。それから派生した平仮名やカタカナは世界に誇るべき文字だと僕は思っている。

その礎となったのは、命を掛けて海を渡った留学生や僧侶たちが持ち帰った漢字である。仏教も儒教も朱子学も論語も皆その賜物である。日本の歴史は古事記と日本書紀に基づいているが、その神話伝説の部分も含めてある歴史に裏打ちされたものであり、全くの作り話ではないという微妙な部分も含めて皆承知の上という暗黙の了解の上に成り立っていることは承知だと思う。

その繋ぎの役目を果たしたのが朝鮮半島の国々である。日本はその半島の一番近い国である「任那」という国を攻めて「任那日本府」という政治と軍隊の出張使節団を作った。何しろ遠い時代の事なので証拠のある定説はないが、一応朝鮮との関係の足掛かりとでもいった方が良いのかもしれない。

良きにつけ悪しきにつけ長い交流の間柄である朝鮮半島（特に第二次世界大戦後は大韓民国〈韓国〉）とは友好国として経済・人的交流・軍事・観光など大きな役割を担ってきたのだが、戦前戦中戦後を通じて日本の韓国に対する侵略戦争の謝罪が十分でないというその一点に鑑み、為すすべなくぎこちない関係が続いている。韓国の大統領も日本の宰相も一体どうしようとしているのか、多数意見なのか単なるメンツなのか分らない。

同じく枢軸国の中心であったドイツは、その責任を全うし、今も戦犯を世界の果てまで追いかけて逮捕し、今やEU諸国の中心国家としてヨーロッパをまとめ、その牽引力は衰えるところを知らない。世界中に軍隊を展開し世界最強を誇るアメリカは、日米安全保障条約を守って日本のためにアメリカの兵隊を日本に派遣すると信じている人が一体何人いるのでしょうか。誰も信じてはいませんよ。いずれアメリカが世界を牛耳る時代は終焉を迎える。次は何処の国が出しゃばるか。そんなことは誰にも分からない。分かっていたとしても誰も口には出さない。自分だけは人類最後の一人になりたい。みんなそう思っています。聖人も天使も悟りを開いた人も同じことです。誰も自分の血は流したくはない。

彼女は幽かに微笑んで持ち場に戻った。久し振りに同行の士の方々以外の人の日本語を聞いてほっとしたのだろうか、緊張の糸が切れたらしくずるずると椅子から落ちそうになった。

暫くして機内食の手配に先ほどの韓国人のキャビン・アテンダントの女性と相棒が声を掛けながら回ってきた。僕はこれが苦手なのである。ご飯が二種類あってどちらが良いかと訊ねられるのだが、チキンのドライカレーと片方は全く理解できない。仕方なく「チキン」と答えるのだが、この便ではビールが何本でも飲むことができた。食事時は何かしら一本だが、後から何回か回ってきたときもビールが飲める。日本製のビールがあるのでとても助かる。その日本製のビールは何時も僕が愛飲しているビールのライバル会社のものなのが癪に障るが、贅沢は言うまい。成田を発つときスタンドのバーがあったがそこには日本製のビールはなかったと記憶している。何故飛行機にだけあるのか。不思議極まる。

そういえば日本の福島を後にしてから一本の煙草も口にしていない。新幹線は勿論の事、飛行機、空港、ペルーの電車、バス、ホテル、レストラン、見学中の街中まですべて禁煙なので仕方がないと思って気にもしていなかったのだが、ヘビースモーカーの僕でさえもなければないで格別大騒ぎすることもない。今まで煙草の事などすっかり忘れていたのであるからこれなら禁煙も、とはならない。僕は禁煙する気はないし、こんな美味いものをたった一度の人生なのにやめて堪るかと思わず力んでしまった。博打をするではなし、女遊びをするではなし、大酒飲んで暴れるわけではなし。僕は修験者ではないと開き直ってしまった。

小さな窓から青空が見える。確かに飛んでいる。しかし、機内の話声くらいしか音らしい音がしない。もう一度窓を覗いてみても、主翼が微かにぶるぶると震えているだけである。そうこうしているうちに、機体がガタガタと揺れて音までし始めた。直後に機長の緊張した、しかし落ち着いた声が機内に流れた。どうやら乱気流に突っ込んでしまったらしい。

また更に機内の音と主翼が震えるような異音がしたかと思うと、一段と強い口調の機長の声が響き渡った。乱気流を抜け出すのに手間取っているらしい。主翼の一部が剥がれそうになっているのだろうか。妙な音がする。それにつれて機体も幾分か傾いて揺れているような気もする。ああ、僕はこんなところで死ぬのか。

いつしか眠りの誘いに惑わされて現実の世界から逃げ出してしまったらしい。目が覚めてまた現実に引き戻されてそうっと辺りを見渡すと、窓は全部閉められていて、機内も最小限の灯りしか付いていない。全部の席の人たちは辛うじて頭の後ろが闇に混ざって全く動きがない。僕の周辺は皆席を占領して足を延ばして毛布らしきものを被っていてこれまた全く動きがない。息をしているのか。

咳も寝息も全く聞こえてこない。外の様子も中の様子も皆目理解の外だ。積乱雲に突っ込んでから一体どれくらい時間が経ったのか時計を見てもすぐに計算できない程頭が痺れていたらしい。とにかく、飛行機が目的地に向かって計画通りに飛んでいるのか、それとも何事かあったのか、音もしないし揺れもしない。

ぼんやりした頭でつらつら考えるに、今頃飛行機は大きく北回りに進路を変えてベーリング海峡の辺りを迂回しているのだろうか。それとも機首を南に向けて成田の方向に向かい始めた頃だろうか。周囲の状況が全く分からないので、まるで集団で大きな木箱に箱詰めにされて何処かの見知らぬ小島に置き去りにされてしまったかのようだ。この飛行機は本当に飛んでいるのか。本当に成田に向かっているのだろうか。

僕はあらぬ想像をしていた。今起きているのはこの飛行機の中で僕一人であるらしく、目に見えるものの中では皆死んだように眠っている。眠っている？　本当に眠っているのか。その刹那僕は考え得る最悪の事態を想像してしまった。先ほどの不安を帯びた想像が確信的に恐怖を帯びた妄想に変わった。

そうか。この飛行機は乱気流に突っ込みもみくちゃにされて機体が損傷し、主翼も捥ぎ取られて飛行不能に陥り、このままでは成田に辿り着く可能性はかなりの程度不可能な状態と判断して、カムチャッカ半島付近の最も近い飛行場に不時着を試みたか、あるいはそれも不可能と判断して冷たい海の上に決死の不時着を試みたか、そのいずれかに違いない。機体の大破は避けられたがそのショックと衝撃で僕を一人残してみんな死んでしまったのだ。そうであるに違いない。僕一人だけになってしまってこれからどうしたものだろうとこの座席に座り込んだままあらためてゆっくりと辺りを見渡した。きょろきょろ眼を回したり首を捻じ曲げたり上半身を回したりとやってみたが相変わらず誰も動かない。

途方に暮れる僕の右肩あたりで突然声がした。

「ナニカ、ワタシニ、オテツダイデキルコト、アリマスカ」。あの例の韓国人のキャビン・アテンダントさんだった。驚いた僕は慌てて「いいえ、特にありません」と反射的に答えてしまったらにっこり笑って後ろの持ち場に帰って行った。恐らく、きょろきょろ見渡したり、声を出す余裕もない僕の姿を見て、眠れずに悶々としているのだろうと冷静さを失った案山子のようにポカンとしているのを見兼ねて声を掛けてくれたのだろう。生き残った人がもう一人いた。僕はそう信じた。飛行機がどうにかなったのですか、なんて恐ろしくてとても聞けたものではない。

沈黙の中で何時間が過ぎたのだろうか。それとも本《ほん》の数十分だろうか。突然あちこちでぞろぞろと目を覚ました人たちが蠢き始めた。みんな生きている。僕のご一行たちも前の方で動き始めた。なんだ、なんだ、なんだ。飛んでいるんだ。成田に向かっているんだ。僕は助かった。皆も助かった。

朝食を食べながら、昼食だっただろうか、僕はビールを呑みながら一人思った。僕の受難の旅も無事何事もなく終わりそうだ。成田の入国管理の手続きを終えて出口に向かうと、一行が全員で待ち構えていた。松井さんが笑顔で言った。「楽しかったですか」僕は疲れ果てていたので元気なく答えた。「大変でした」畳み掛けるようにもう一度訊ねられた。「楽しかったですか」僕は仕方なく答えた。「楽しかったです」みんな破顔一笑して共に出口へ向かった。今。夕方の四時。切符を時間の早い電車に切り替えて早々に福島に向かった。ガラガラ鋤いている電車は妙に鈍い。不愛想なタクシーの運転手に気分を害されながら我が家の付近を見ると何処も真っ暗だ。トランクがやけに重く感じる。

真っ先に何をしたか。見慣れた煙草を一本抜きとって火をつけ思い切り胸一杯に吸うと頭がくらくらしてどっと倒れ込んだ。ご飯を炊いて洗濯をした。これで僕の初めての旅行は無事に終わり、ヒューストンでの大運動会のことを思い出しながらビールを呷って心地よい緊張感と疲労感を味わいながら一人だけの祝杯を挙げたのです。

著者紹介

小牟禮昭憲（こむれ・あきのり）
1950年、（昭和）鹿児島県生まれ。小学校・中学校・高等学校と地元で過ごす。
1968年、日本大学芸術学部入学、1973年卒業。この間同級生の佐藤万知子と結婚、本格的に執筆活動を始める。1980年、二人して白梅学園短期大学心理技術科に入学、
心理学を学ぶ。1982年卒業と同時に万知子の故郷である福島県福島市に転居。
2000年、「群青の彼方」（終わりのない旅）を発表、2002年「続・群青の彼方」（続・終わりのない旅）を発表。2015年、万知子死去。現在に至る。

眠り続けるインカ

コンドルの舞う遠い空の下で

2022年8月8日発行

著　者　小牟禮昭憲
発行者　向田翔一

発行所　株式会社22世紀アート
〒103-0007
東京都中央区日本橋浜町3-23-1-5F
電話　03-5941-9774
Email: info@22art.net　ホームページ：www.22art.net

発売元　株式会社日興企画
〒104-0032
東京都中央区八丁堀4-11-10 第2SSビル 6F
電話　03-6262-8125
FAX　03-6262-8126

印刷
製本　株式会社PUBFUN

ISBN：978-4-88877-102-3